Editions BoD

A la fenêtre de mon âme

Lumières d'âmes

L'âme, échanson de l'Esprit

Catherine Mauger-Trouiller

La Rose du Coeur me l'a dit ce matin...

Née à Valence en 1951, d'origine ardéchoise, l'auteure vit en Provence. Depuis sa plus tendre enfance, une ardente aspiration à la connaissance universelle l'anime et la conduit sur le chemin de la vie, suivant son fil d'Ariane intérieur. Sa quête de vérité et d'absolu en une constante orientation spirituelle est nourrie par l'amour de la Sophia, la beauté de la nature, la créativité par nécessité vitale, les rencontres humaines.

Auto-portrait en abrégé

J'ai suivi mon chemin de vie
avec la foi pour seule boussole,
présent d'un ange-fée
dans mon berceau d'osier.

Née entre deux rives,
la Drôme et l'Ardèche,
un pont et le Rhône en partage.
Un père catholique. Une mère protestante.
Baptisée huguenotte,
j'ai suivi adolescente
le chemin de l'école du dimanche.
Avec sérieux et gravité j'ai partagé
la Sainte Cène aux temps forts de l'année,
la communion du Pain et du Vin.
J'ai suivi ce chemin.

Et puis... j'ai renoncé.
A mes « *Pourquoi... Pourquoi... ?* »
posés au pasteur désarmé,
des réponses sans substance.

La philosphie : ma matière préférée.
L'histoire et la géographie
ne m'ont jamais passionnée.
Bien des années après, une lecture inopinée
l'exode des Huguenots
m'éclaire sur l'histoire de ma destinée.
Louis XIV, ce roi-moi de mauvais aloi,
l'édit de Nantes par lui révoqué,
les persécutions perpétrées...

Le sang est une substance particulière
chargée de mémoires gravées,
de savoirs hérités, de mystères.
Un fil d'Ariane conduit chacun
vers son destin à déchiffrer.
A charge à l'âme et à l'esprit
dans le corps incarné
de résoudre l'énigme de la double nature.

Le non hasard m'a conduit à une *frontière,*
entre deux pays une résidence,
la Suisse et la France.
Expérience de *limite* en terre étrangère.
Habitant frontalier : un état singulier.
Entre les deux le cœur balance
en quête d'appartenance,
en quête d'identité. Sur quelle terre s'ancrer ?
Que d'expériences à traverser !
Un jour comme une année
et les années comme des siècles !
A l'école de la Vie nous sommes tous conduits.
La traversée des sphères, s'il est possible,
confère à l'âme sa liberté.

Universelle, grandiose est la Vie !
Je peux le dire aujourd'hui.

Coeur en poésie

La Poésie est le langage de l'âme.
Son royaume est la Lumière.

Miroir de l'éternité,
la Poésie fore le temps et l'espace,
traverse indemne les flammes de l'enfer,
l'impuissante ténèbre.
Par effraction ses rais de lumière,
rayons laser, s'infiltrent
dans nos murailles meurtrières.
Veilleuse de nuit,
la Poésie lance ses cordes de lumière
dans nos puits de misère.

Témoin d'un autre soleil,
gardienne du jardin d'Eden,
pont entre deux rives,
ouvreuse de chemins
dans les matins du monde,
la Poésie se joue des frontières.

*Sur les ailes du vent
libre est la Poésie !*

*Brise murmurante ou souffle de tempête,
prophète dans le désert,
baume guérisseur pour les coeurs,
force de la colombe,
la Poésie se confie à l'âme amie.
Sauver le monde est son défi.*

*Digression infinie
sur la grandiose réalité de la Vie.*

Universelle est la poésie !

Des rives d'un autre monde,
des sphères de la nuit traversées,
nuit du corps,
nuit de l'âme,
nuit de l'esprit endormi

Tu descends à pas feutrés
à la naissance du jour
offrir un présent à la pensée dénudée
qui en silence attend.

Une goutte de rosée
dans l'âme sertie.
Précieuse confidence cueillie.

Parole de rose nimbée d'un éclat d'or.
Voix du silence, tambour major.

De l'enfance

On ne se remet jamais de son enfance.
Gratitude immense !

La cicatrice des ailes de l'ange
s'est refermée.
Pourtant, il suffit d'une circonstance
et s'en est fait.
Le cœur soudain resserré,
la brûlure des ailes fondues est ravivée.

Douloureuse et radieuse mémoire
de l'ange soudain ressuscité.

J'étais encore enfant...
accablée sous la malédiction
d'une force d'inertie.
Pattes de mouche collées à la vitre.
Pieds englués dans du béton armé.

Une bulle de mémoire remonte en surface.
Une séquence de film.
La scène se passe dans une chambre d'hôpital.
Sur le lit, un corps en bandelettes.
Plus de membres. Une tête pansée
sur un tronc tout de blanc enveloppé.
Deux yeux ouverts, deux yeux de lumière,
et les pulsations d'un cœur qui bat...
qui bat... qui bat...
A son chevet, cœur ardent démuni,
une infirmière veille la Vie.

Emotion, compassion, douloureuse réalité.
Et une pensée, stupéfiante en vérité :
« un ange tombé !
un dieu enchaîné au passé !
Il est. Je suis. Nous sommes ».

Michel-Ange entend
dans le marbre sculpté
la voix du dieu emprisonné.

« *Libère-moi !* »

ricoche la voix
sur le tambour du coeur.

Comment survit l'enfant
à la menace de mort
d'un rouleau compresseur
ou d'autres choses encore ?

« *Enfance inadaptée* » dit-on...

L'enfant autiste a une âme anarchiste.
Frappé de mutisme,
il résiste au monde conformiste.

Son jardin clos lui est abri,
forteresse inattaquable.

Cherchant refuge, une échappée,
je me rends au jardin.
Rituel secret du cœur enfantin.

Pousser le portillon en fer rouillé.
Entrer dans le jardin ensauvagé.
A petits pas comptés, faire le tour de l'enclos.
Les sens vitaminés,
s'arrêter, observer, contempler, s'émerveiller.

La rose trémière verticale et altière.
Le lilas violet sur la grille appuyé.
La violette blottie tout contre le pissenlit.
L'aubépine déversant son miel odorant.

Se laisser porter sur les ailes d'un papillon.
S'enivrer jusqu'à l'ivresse comme le bourdon
derviche-tourneur grisé de marjolaine en fleur.

Voilà le puits et sa vieille poulie
usée d'avoir tant servie.

Ô le jardin perdu et retrouvé !

J'avance dans un tunnel noir.
Dans mes mains attentives
une bougie allumée,
flamme vacillante, tremblotante,
chaque pas hésitant pourtant éclairé.

Une force mystérieuse m'aspire
vers quelque chose que je ne connais pas
mais que je pressens,
vers une étoile de lumière qui m'attend.

Dans le noir ténébreux j'avance
vers une sortie inconnue,
lumineuse et certaine.

Le vieux muret revêtu d'un paletot moussu
offre à l'enfant en pleurs sa tendre douceur.

Un moucheron en quête de rosée
s'attarde sur la mousse ensoleillée.

L'enfant lève le nez
soudain aimanté par le spectacle donné.

Ses larmes prennent fin.
L'enfant survit à son chagrin.

La pluie frappe sur le carreau !
Ses gouttes de cristal perlent
en larmes de douceur.

La pluie frappe sur le carreau !
Ses gouttes de lumière
se mêlent au vol des étourneaux.

La pluie danse sur le pavé !
Ses gouttes éclatées
s'esclaffent de plus belle.

La pluie danse sur le pavé !
Ses gouttes émancipées
des vagabondes aux nus pieds.

Le chant de la Vie

Je suis la Vie
le grand mystère de l'univers.
Mon royaume est la Lumière.
Descendue du plus haut des sphères,
mon souffle pénètre les poumons de la terre,
tantôt doux comme le zéphyr,
tantôt barbare comme l'ouragan.

Je suis la Vie
l'éternelle, l'intemporelle.
Je franchis toutes les frontières.
J'escorte les nuages, la lune et les étoiles,
le soleil et les planètes, les mers et les déserts.
Plus rapide que l'éclair, je sillonne l'univers.
Je cherche asile dans les cœurs en exil.

Je suis la Vie
le grand silence de neige blanche.
Comme un voleur, je rentre parfois
par effraction dans les maisons,
traverse les murs, tire les rideaux
pour aérer, créer du vide et
dérober tous les fardeaux.
De mon passage, je laisse des signes,
des cailloux blancs aux cœurs d'enfants.

Je suis la Vie
l'amie fidèle et immortelle.
Quoique tu fasses avec ardeur ou déshonneur,
sonder la terre, sonder les mers ou bien
l'espace interstellaire,
sonder le temps, passé, futur, présent,
je veille la nuit, je veille le jour.
Je te garde en mon amour, toujours.

Je suis la Vie
la grande nostalgie.
Trésor caché et oublié
dans la grotte de ton cœur.
L'esprit emprisonné qui languit, qui languit...
Je l'appelle ! Je l'appelle !
Par mon souffle, le ranimer.
Par mon amour, l'accompagner
dans mon royaume de Lumière.

Et l'enfant aux yeux d'or rit aux éclats !
Délivre la joie.

Libère l'oiseau en cage...

Echos...

« *A qui la faute ? A qui la faute ?* »

« *A l'autre ! A l'autre !* »

clament les voix sur l'agora.

Je suis une place publique,
à la croisée des chemins,
un chaos de sens contraires.

Et un coeur
            qui bat tambour...
                        qui bat tambour...

Pour qui ?

            Pour quoi ?

« Il n'y a pas de place. »

                        chasse la voix du moi.

L'amour passe son chemin.

         Aucun reproche.

                Pas d'impatience.

                        Pas de violence.

Dans le silence

      l'amour poursuit sa route,

            cherche asile dans un coeur

                pour y faire sa demeure.

Sur le tympan en pierre sculptée
les *curieux* regardent sans voir, pétrifiés,
le rapt de nos âmes.

« état inflammatoire chronique, conséquence d'une absence d'aération prolongée de l'oreille »
précise Doctissimo.

Hélas, hélas !

L'oreille du monde confinée
subit le feu de l'addiction.

Casques, oreillettes, écouteurs...
L'oreille interne n'entend plus la voix du coeur.

De l'air !

       de l'air !

            de l'air !

De tant d'encombrement

la pensée s'effondre et suffoque.

Ainsi s'éteint la voix d'un philosophe.

Savez-vous

    que la noire ténèbre

        spécule jour et nuit

            sur votre bon coeur ?

Hier comme aujourd'hui comme demain.

Main dans la main
          le bien et le mal croisent l'épée.

Le bien meurt à la périphérie de nous-même.

« Effondrement… Effondrement… »
informent les nouvelles quotidiennes.

L'humanité part à la dérive
accablée de ses dettes,
emportée par les flots de son propre destin.

L'âme frémit de tant de douleurs.

Le monde part à la dérive
dans la mer académique
chargée, chargée de tant d'insanités !

Les écuries d'Augias
appellent au grand déblai !
La croûte si épaisse incrustée,
Hercule par lui-même ne peut l'arracher.
Sans hésiter, il déplace le rocher des entraves,
dévie le courant par contre-mouvement,
libère la source intarissable,
puissante, décapante, guérissante.

Qu'ai-je à perdre ? Qu'ai-je à gagner ? »
argumente la voix du monde.

La liberté cogite.

La liberté désespère
de se savoir prisonnière.

La liberté s'étiole
comme une plante anémiée.

La liberté s'accorde à la violence,
sursaut pour exister.

La liberté titube,
ne sait plus à quel saint se vouer.

La liberté grince
comme une porte rouillée
restée longtemps fermée.

La liberté ?

Réminiscence

Ouvrir la porte. Enfin chez soi !

Il est une joie immémoriale, profonde, intime,
qui jaillit comme une source chaude,
la joie de *rentrer à la maison*.

Après les peines endurées
au fil des jours et des années,
des millénaires sur cette terre,
qu'elle soit troglodyte, cabane ou igloo,
de pierre, tôle, paille, toile ou béton,
la maison, c'est la maison.

Pourtant, troublant et pénétrant écho
qui remonte du puits sans fond du coeur,
qui répète, qui répète :
« *cette maison n'est pas ta maison* ».

« Angle mort :
zone inaccessible au champ de vision »

Il est des angles morts,
des angles sans point de vue.
Ils passent inaperçus,
abandonnés par notre absence.

L'angle mort dans la maison
dans un coin du salon
encombré de trésors oubliés.

L'angle mort dans la rue
sans éveil, risque d'accident potentiel.
Tourner la tête pour voir serait conseil.

Angles morts d'expériences,
de mémoires mises à distance.

Angle mort de l'oubli, tu dépéris.
Tu caches et tu révèles.
Tu reconduis en un lieu délaissé.
Et le regard se courbe, ramène vers le Soi.

Etats d'âme

Coquillage vide au fond de l'océan
l'âme amnésie boit des gorgées d'oubli
à la coupe grisante des eaux du Temps.

Entre ciel et terre, dans sa chambre haute,
toutes peurs enfuies en ce sûr abri,
l'âme enfant observe le monde passant.

Tombée du ciel comme le Petit Prince
à contrecœur dans un désert de vie,
l'âme nostalgie pleure son jadis béni.

Pauvre vêtue d'un manteau en haillons,
l'âme nomade cherche sa source
dans le grand labyrinthe du monde.

Dans son laboratoire terrestre
l'âme alchimie travaille la matière
en quête du mystère de l'Univers.

Vagabonde dans les sphères du Temps
l'âme butineuse rejoint sa demeure
chargée, chargée de riches présents.

Dans sa retraite, sa nuit du cœur,
l'âme ermite se concentre, médite
sur l'immortel Amour.

Avec ardeur, avec ferveur,
servir dans le silence et la paix intérieure,
l'âme béguine s'active, s'active.

Revêtue de son habit de lumière,
l'âme esprit se libère de la matière,
montre la voie vers l'aurore nouvelle.

Sauver le monde ?

A bout de bras ! A bout de coeur !

Dans le secret, dans le silence.
Patience...
         Patience...
La chenille tisse son cocon.
Le volubilis grimpe au balcon.
La douce brebis rêve à la lune.
La libellule quitte sa mue.
La vache paisible rumine, rumine.
Le coucou est en répétition.
Le coquelicot déplie ses ailes.
La graine meurt pour enfanter.

Sauver le monde ?
Par la puissance de la lenteur.
Par la puissance de la douceur.
Par l'oeil dardant un rayon d'or
concentré, concentré
sur la Vie, à son chevet.

Contemplation

Faire tic-tac...
        tic-tac...
         tic-tac...
               comme un vieux réveil
    est le plus sûr moyen de s'endormir.

La pendule suisse à coucou ?
C'est pas mal du tout !
Pourtant on s'habitue à tout.

S'émerveiller tient en éveil !
Le coeur happé, les yeux hypnotisés,
dans un silence de neige.

S'émerveiller ?
Une cloche qui sonne dans le lointain.
Une flamme qui veille, qui prend soin.

S'émerveiller ?

Hiver sous une étoile lunaire

Fascination, contemplation
de la loi d'amour et de cohésion.

Atomes agglomérés
en un seul corps mouvant
aussitôt formé, aussitôt défait.

Un calligraphe sans pareil
avec pour page d'écriture le ciel.
Prodigieuse calligraphie
sur un fond de toile gris.
Arabesques folles.
Voici le retour des étourneaux en vol !

« *V*oyez !
  Nous sommes ici
  et nous sommes là,
  libres malgré la morsure du froid ».

La beauté est affaire de coeur.
La beauté est preuve d'âme.

Lame de fond, sidération.
La beauté ranime cœur et âme.
Contemplation.

Plume légère dans sa chute en hélice,
la beauté au plus haut se hisse.

La rose du Thabor
est sans foi ni loi.

La rose du Thabor
sans souci incendie le jardin.

La rose du Thabor
chauffe à blanc le coeur aimant.

Le cœur est pure merveille !
Systole...
       Diastole...
              Contraction...
                    Dilatation...

S'ouvrent des portes et des fenêtres.
Fidèle à sa fonction,
oublieux de lui-même, il sert la Vie.

Le cœur est pure merveille !
Bogue de chair
il est écrin d'un atome divin,
inestimable trésor caché
plus petit qu'un grain de millet.
Ici-gît, comprimé,
un génie de très noble naissance.

Il est un lieu de lecture, un lectorium,
un temple blanc de neige et de silence.
Un lieu serein, vide et plein,
où la lettre par l'esprit animée
traduit le mystère caché.

Muni du mot-clé,
du « *Sésame ! Ouvre-toi !* »,
entrer par le passage secret
que chacun peut trouver.

Seuil franchi,
plénitude, bonheur
dans le lectorium du cœur.

Dans le secret du temps
des pauses et des soupirs
sur la portée des jours et des nuits.

Dans le secret du temps effacé
un intervalle illimité
sur la portée de l'éternité.

Dans le secret du coeur de la rose
silence et paix,
joie et harmonie,
composent la divine symphonie de la Vie.

Il est des archipels de lumière
dans la nuit comme en plein jour.

L'âme renée en son enfance pure
contemple la nature.

Une image silencieuse et vivante,
limpide et immobile
d'où rayonne une sereine clarté.
Deux natures en une filigranée.
La camisole du temps est déchirée.

Pénétration dans une nouvelle dimension.
Là, souveraineté du silence.

Là, souveraineté de l'illimité.

Là, souveraineté de l'amour.

De la vraie Vie

Mû par une force irrésistible,
le jeune aiglon s'avance
au bord de l'abrupte falaise.
Pour la première fois
ses ailes se déploient,
font l'expérience de la force du vent
et des courants.

La phase du nid douillet
et protecteur s'achève.
Le temps de la vraie vie est arrivé.

« Réveille-toi ! Réveille-toi ! ».

La main verte ne s'apitoie pas.
La main verte n'hésite pas.
Elle tranche parfois.
La plante rudoyée, même affaiblie
puise en elle la force de la Vie.

La maladie élague l'énergie,
secoue le corps comme un prunier.
Un alcool fort, la vie !
La maladie à l'essentiel nous conduit,
à l'essence même de la vraie Vie.

Dans l'abîme d'un silence
deux éclats de lumière !
Deux seulement
en une semaine d'espace-temps.

S'en contenter.
Non aux soupirs ! Non aux regrets !

Entre les deux
un faux-semblant de vide noir,
un faux-semblant de vide blanc.

Deux miettes d'or !
L'éternité le temps ignore.
L'âme rassasiée à l'écuelle d'or !

Assis sur le bord du chemin,
contre ce qui te rive
apprends à fleurir comme l'eau vive.

Puise en ton cœur
à la source-lumière
qui sourd d'un autre ailleurs,
pour faire un pas encore...
                              un pas encore...

Tu reviens en force
dans mon coeur, dans mes pensées.
Tu es le pas encore qui me fait avancer.

Sur la marelle de craie dessinée,
Tu jettes jusqu'au ciel pour moi le galet.

Me voici à nouveau propulsée
dans un azur merveilleusement étoilé.

Au moi de s'effacer,
        à l'âme de traduire
                la grâce inattendue
                        de Toi reçue.

Bonne nouvelle !
Le moi consent à se taire.

Belle aubaine !

L'âme buissonnière
fait le mur,
file vers le jardin d'Eden
y cueillir des pommes d'or
sur l'arbre de Vie
pour les offrir aux affamés.

Lorsque sont extirpées du jardin intérieur
les racines profondes, profondes,
de la colère et de l'orgueil,
de la jalousie et du mensonge,
de l'avidité et de la peur

Lorsque sont émondées les branches mortes
de notre âme

Alors une belle et bonne terre
retournée, aérée, légère, solidaire,
est prête à accueillir les semences âmes
qui lui sont confiées.

Terre d'asile sans nulle autre pareille !
L'eau vive de l'amour s'épanche,
irrigue les champs du monde assoiffés.

Renaître

La soif de connaissance
non dénaturée par la soif du savoir,
ouvre le couvercle d'un puits sans fond
pour y puiser une eau vive et salutaire.
« J'ai soif de cette eau » dit le petit Prince.

Un point de vie et de lumière
surgi dans le désert.
Un point infime du cœur,
un presque rien plus grand que l'univers.

Qu'importe la vision depuis le toit du monde
ou bien depuis la terre,
l'âme est hissée à sa plus juste hauteur,
le nombre d'or à la mesure du coeur.

Soi-même, seul, face à soi-même.
Soi-même face à sa noble condition humaine.

A la recherche de l'équilibre
tel un funambule sur un fil
au-dessus d'un abîme.

Le fil en abscisse,
le corps en ordonnée,
l'âme en balancier.

Chuter n'est pas la priorité !
Concentration mise hors tension.

Le pas avance dans l'absolue confiance,
le pas par Toi aimanté.

Comme une moule s'accroche à son rocher
et brave toutes les tempêtes,
l'âme s'arrime à son maître
pour résister aux assauts de l'égo.

Avec ardeur, avec candeur,
avec bravoure toujours,
l'âme conquiert sa liberté,
noble et souveraine,
universelle et fraternelle.

Oser hisser l'âme au plus haut !
Pratique quotidienne,
acte joyeux
de soi-même oublieux.

Balayées
    léthargie
        dépression
           mélancolie
              illusion
        habitudes somnifères.

Coeur vaillant qui libère
l'âme au plus haut des sphères !

Et voici l'ancre jetée à la mer !
Mer cristalline, mer immense.
Le temps d'un silence...
Le temps d'un inspir...
Entendre, toucher, voir, goûter, sentir.

Comme on hisse une voile
sur le mât d'un bateau,
l'âme s'élève aussitôt.
Anagogie de l'âme vers la plus haute cime !

Cinq sens un à un se déploient.
Subtile magie d'un habit d'or tissé.
La noble « Dame à la Licorne » le sait.
Du lion et de la licorne entourée,
sur son tapis volant fleuri,
attentive, confiante, sereine,
ses sens se renouvellent.

L'ouïe, le toucher, la vue, le goût, l'odorat.
Dilatation extrême
jusqu'au sixième-même !
« A mon seul désir »
l'œuvre semble achevée,
la sage Dame parée du manteau royal tissé.

A la fenêtre de l'âme ailée, nouvelle lucidité.
Entendre, toucher, voir, goûter, sentir
comme jamais !
Les Cinq en UN unis
pour un nouveau chemin vers la vraie Vie.

Le fil d'Ariane, c'est rassurant.

Poursuivre son chemin sans fil d'Ariane ?

Eté sous une étoile solaire

Cornwall ! Que d'années égrenées !
Une amitié préservée
comme au premier jour retrouvée !

Fiction du temps ! Eternité !
Renaissance, autre spirale de conscience !

Goutte dans l'océan,
j'ai navigué sous un ciel azuré.
Une parmi le monde j'ai marché
poussière aux pieds, portée, portée
par l'énergie de la Vie,
impersonnelle, ordinaire, anonyme, libre,
le cœur ému, bouleversé !

A la croisée des chemins
rien d'anodin.
La providence planifie.
La magie s'accomplit.

Rencontres d'âmes aimantées
qui se reconnaissent en l'instant,
fugitives ou prolongées.
Trésor immatériel aussitôt partagé,
corne d'abondance spiralée.
Sous les signes de la Rose, j'ai suivi l'empreinte
de la mythique licorne
in Cornwall, the unicorn.
Et voici :
elle s'est révélée,
confiante, apprivoisée...

A great adventure indeed !
Gratitude infinie à la Vie !

Ame vivante

   tu crépites comme une brindille

           jetée au feu !

Aller à la source
muni d'un seau très ordinaire.
Le jeter vif
dans le puits sans fond des guerres
pour y puiser, y libérer
un rayon de lumière emprisonné.

Hissé à la surface,
sur la margelle déposé,
il est réponse à tout venant.

« Est-ce bien toi
ou dois-je en attendre un autre ? »

La question si longtemps posée
de son orbe est expulsée.

Je ne sais rien.
　　　　　Je ne peux rien.
　　　　　　　　　Je ne suis rien.

Tu es ma complétude.

Le vent tempête,
frappe fort les cimes les plus hautes.

L'âme est la pointe du compas
fermement plantée.

L'arc-en-ciel trace le cercle de l'éternité.

Son et Lumière

« Trois cent quarante mètres par seconde »
« Trois cent mille kilomètres par seconde »
indique la sonde.

Voyage interstellaire à travers les sphères,
l'âme vêtue de feu
franchit le mur du son et de lumière.

Des percées de lumière
dans un ciel noir.
De sombres nuages
encerclés d'or de toute part.

Les atomes-lumière libérés
retombent en fines perles de rosée
sur les montagnes, dans les vallées.

L'âme du Monde veille
le monde et l'humanité
comme une mère son enfant.

Tout passe... oui, tout passe...

Le corps ne sera pas encombrant.
Il reposera dans une boîte en carton blanc.

Le temps d'un bref et simple *à Dieu*
puis l'alchimie du feu.
Feu le moi.

L'âme poursuit sa voie
vers de nouvelles cimes...

Aujourd'hui même

Imagine qu'aujourd'hui
soit le dernier jour de ta vie.
Quelques heures face à Soi.
Quelques heures face à un choix.

Imagine qu'aujourd'hui
tout l'acquis t'est retiré.
Tant de richesses encore à espérer !
Que vas-tu abandonner ?

Imagine qu'aujourd'hui
soit une croisée de chemins.
Vers un plus ou vers un moins ?
Es-tu prêt à l'incertain ?

Imagine aujourd'hui
tes derniers fragments de vie.
Plus de temps pour un bilan
dans ce monde impermanent.

Imagine qu'aujourd'hui
soit l'ultime itinéraire.
Quelques pas sur la terre.
Quelques pas vers la lumière.

Imagine qu'aujourd'hui
soit l'Alpha et l'Oméga.
Le centre de gravité
dans ton cœur transféré.

Imagine qu'aujourd'hui même
par cet arrêt imposé,
ton cœur entre en silence
saisi par une grande paix.

Et soudain
le rire-joie éclate !
Franc, instantané,
chaleureux, généreux,
saint, pansant toutes les plaies de l'âme
jubilant comme au 7e jour de la Création !

Mystérieux geyser qui jaillit du cœur,
qui ébranle la tête
puis retombe alentour en atomes de fête.

Le rire-joie éclate !
Allégresse du cœur.
Source-Joie.
Comme le fruit mûr du magnolia
qui libère une à une sa semence
graine vermeille,
larme rieuse détachée
sur la terre fécondée.

Le rire-joie éclate !
Contagion des cœurs !
Contagion des âmes !

Je ne sais rien de vous, rien de votre géographie extérieure où les sages décrets du destin vous ont placés, rien de votre espace enclos intérieur. De ce rien, une certitude néanmoins :

âmes « tombées du ciel » tout comme le Petit Prince dans un désert de vie, sœurs et frères mes semblables, un fil d'or nous relie, de cœur à cœur humain-divin. Une secrète filiation fraternelle nous unit par ce destin terrestre, par-delà nos histoires, par-delà l'espace et le temps.

D'année en année, de siècle en siècle, de vie en vie, notre humanité suit le chemin des expériences. Du fin fond des terres australes aux terres d'Afrique, des terres d'Amérique aux terres d'Asie, le nomadisme ancestral poursuit sa marche dans le désert, tout comme aux temps bibliques. Du Nord au Sud, d'Est en Ouest, le nomadisme moderne lui aussi poursuit sa course, dans d'autres conditions, à folle allure.

Chaque jour, l'âme occidentale semblable à l'âme orientale, boit une gorgée d'oubli à la coupe grisante et mortelle tendue vers elle, telle l'expérience de Blanche-Neige :

« Je me souviens qu'après avoir accepté la pomme et après l'avoir croquée, tout changea : le ciel s'obscurcit et je sentis en moi pénétrer un vent glacial. À présent, je vois le monde bouger très vite autour de moi. Comme envoûté, mon corps semble immobilisé et sous mes paupières une ombre se déplace tel un mauvais rêve. Je veux me réveiller mais je ne puis ouvrir les yeux. Le souvenir de mon royaume se disperse dans la pénombre… ».

Les heures s'égrènent. L'âme contaminée par le poison mortel s'englue dans la matière. Sur les routes de l'exil, sur les chemins de l'errance, âmes en verre étrangère à la nostalgie infinie, les pollens d'or de vos cœurs meurtris, tel le pain des abeilles, se transforment et deviennent pain de Vie.

La Rose du Coeur me l'a dit ce matin...

https://roseducoeur.jimdo.com

Editions BoD - Books on Demand
12/14 rond-point des Champs Elysées
75008 Paris
Imprimé par BoD – Norderstedt – Allemagne

ISBN 9 782322 032396
Dépôt légal : mai 2019